UN MUNDO DE MITOS

MITOS Y LEYENDAS
DE GRECIA

Jilly Hunt

Raintree

Chicago, Illinois

Editora: Nancy Dickmann y Abby Colich
Diseñadora: Jo Hinton-Malivoire
Ilustraciones originales © Capstone Global Library, Ltd., 2013
Ilustraciones de Xöul
Búsqueda de imágenes por Elizabeth Alexander
Producción por Victoria Fitzgerald
Translated into the Spanish language by Aparicio Publishing

Datos de catalogación en publicación de la Biblioteca del Congreso
Names: Hunt, Jilly, author.
Title: Mitos y leyendas de Grecia / por Jilly Hunt.
Other titles: Greek myths and legends. Spanish
Description: North Mankato, Minn. : Raintree, 2019. | Series: Un mundo de mitos | Includes bibliographical references and index.
Identifiers: LCCN 2019015252 | ISBN 9781410991218 (hardcover) | ISBN 9781410991263 (ebook pdf)
Subjects: LCSH: Mythology, Greek--Juvenile literature.
Classification: LCC BL783 .H86518 2019 | DDC 398.20938--dc23
LC record available at https://lccn.loc.gov/2019015252

Agradecimientos
Expresamos nuestro agradecimiento a los siguientes por su permiso para reproducir fotografías:
Alamy: ACE STOCK LIMITED, 18, Ancient Art and Architecture, 6, bilwissedition Ltd. & Co. KG, 31, Chronicle, 28, INTERFOTO, 15, 19, Juniors Bildarchiv GmbH, 23, The Art Archive, 35; Art Resource, NY: BnF, Dist. RMN-Grand Palais, 36; Bridgeman Images: Adam, Lambert-Sigisbert (1700-59)/Louvre, Paris, France, 13, Museum of Fine Arts, Boston, Massachusetts, USA, Museum purchase with funds donated in honor of Edward W. Forbes, 7, Tiepolo, Giovanni Battista (Giambattista) (1696-1770)/Palazzo Sandi-Porto (Cipollato), Venice, Italy, 24; Capstone: Xoul, 11, 21, 27, 33, 39, 41; Getty Images: Fine Art Photographic, 34, Robbie Jack, 40; Shutterstock: Anastasios71, Design Element, arogant, Design Element, arosoft, Design Element, Cyril Hou, 14, Fat Jackey, Design Element, Georgy Markov, 29, javarman, Design Element, luigi nifosi, Design Element, Pshenichka, Design Element, Ralf Siemieniec, 25, S.Borisov, 16, Scott Norsworthy, Design Element, Timur Kulgarin, 22, V J Matthew, 5, Vangelis76, Design Element; Shutterstock Premier: Cci, 17; SuperStock: Anatoly Sapronenkov, 30, Fine Art Photographic Library, 37, Silvio Fiore, Cover, 9, Universal Images, 4, Wolfgang Kaehler, 12, World History Archive, 8

Elementos de diseño: Shutterstock (© Vangelis76, © Scott Norsworthy, © luigi nifosi, © Pshenichka, © Asaf Eliason, © Anastasios71, © Arogant, © Olaru Radian-Alexandru, © javarman).

Fotografía de la portada del busto de Zeus reproducida con permiso de SuperStock (Silvio Fiore). Imagen de fondo reproducida con permiso de Shutterstock (© Martin Capek).

Los editores agradecen a Robert Parker por su valiosa ayuda en la producción de este libro.

Se ha hecho todo lo posible para contactar a los titulares de derechos de autor de cualquier material reproducido en este libro. Cualquier omisión será rectificada en impresiones subsiguientes si se da aviso a la editorial.

Descargo de responsabilidad
Todas las direcciones de Internet (URL) que figuran en este libro eran válidas en el momento de la impresión. Sin embargo, debido a la naturaleza dinámica del Internet, algunas direcciones pueden haber cambiado o los sitios pueden haber cambiado o dejado de existir desde la publicación. Si bien el autor y la editorial lamentan cualquier inconveniente que esto pueda causar a los lectores, el autor o la editorial no pueden aceptar ninguna responsabilidad por tales cambios.

CONTENIDO

¿Sabías qué?

Descubre
información
interesante
sobre los mitos
griegos.

¿QUIÉN ES QUIÉN?

Aprende más
sobre algunos
de los personajes
principales
de los mitos griegos.

RELACIÓN CON OTROS MITOS

Aprende
sobre personajes
e historias
similares de otras
culturas.

LA ANTIGUA GRECIA

Actualmente, Grecia es un país europeo
formado por tierra firme y más de 2,000 islas.
En la antigua Grecia, la zona no era un país, sino
una colección de asentamientos individuales
que gradualmente se convirtieron en ciudades-
estado. Algunos de ellos estaban fuera de la zona
que conocemos como Grecia hoy en día. Cada
comunidad tenía un fuerte sentido de identidad.

Esta fotografía
por satélite muestra
las áreas de la antigua
Grecia. La civilización
griega cubría un amplio
terreno, incluyendo partes
de la actual Turquía.

En la antigua Grecia se representaban obras de teatro en honor a los dioses. Hoy en día, todavía podemos disfrutar de sus grandes teatros al aire libre.

CREEENCIAS COMPARTIDAS

Las ideas se extendían entre estas comunidades y a menudo compartían el lenguaje, las creencias y las historias. Mitos y leyendas fueron transmitidas de generación en generación, pero no siempre eran escritas, por lo que cambiaron muchos detalles con el tiempo. Se adoptaban nuevas creencias o se mezclaban con otras a medida que los griegos entraban en contacto con otras culturas.

¿QUIÉN ES QUIÉN?

Hesíodo, quien probablemente vivió alrededor del año 700 a.C., fue uno de los primeros poetas griegos. Escribió epopeyas como *Teogonía y Los trabajos y los días*. *Teogonía* explica el origen del mundo y el árbol genealógico de los dioses. *Los trabajos y los días* proporciona consejo moral y práctico usando mitos como ejemplos.

¿Sabías qué?

La palabra "mito" proviene de la palabra griega *mythos* y significa "historia", "palabra", "dicho" o "ficción".

HISTORIAS DEL ORIGEN

Hoy en día, los científicos pueden explicar cómo comenzó el mundo a través de hallazgos científicos, pero en el pasado los pueblos usaban la mitología para darle sentido al origen del mundo. Muchas culturas tienen mitos relacionados con el origen del mundo.

CAOS

Los antiguos griegos creían que al inicio de todo había caos y que había una nada oscura. Del Caos surgió una fuerza creadora llamada Gaia o la Madre Tierra. Los griegos creían que Gaia dio a luz a las diferentes partes del universo, incluyendo Urano, quien representaba el cielo, Ourea, las montañas, y Ponto, el mar.

LAS PRIMERAS CRIATURAS DE LA TIERRA

Gaia y Urano tuvieron hijos, que fueron las primeras criaturas que vivieron en la Tierra. Entre las primeras criaturas había gigantes llamados Cíclopes. Estos gigantes se parecían a las personas, pero solo tenían un ojo. A Urano le preocupaba que los Cíclopes robaran su poder, así que fue cruel con ellos y los desterró al inframundo.

Después, Gaia y Urano dieron a luz a poderosos niños llamados Titanes. Estos gigantes eran increíblemente fuertes y crecieron para gobernar la Tierra. Los Titanes comenzaron a tener sus propios hijos y algunos de estos niños se convirtieron en los dioses y diosas más poderosos de las antiguas creencias griegas. Eran conocidos como Olímpicos.

Gaia no estaba contenta con el modo en que Urano trató a su descendencia, los Cíclopes.

¿Sabías qué?

En el lenguaje griego, Cíclope significa "ojo redondo". Algunos mitos dicen que los Cíclopes eran caníbales.

RELACIÓN CON OTROS MITOS

Los Keres son indígenas americanos del suroeste y también tienen un mito sobre la creación del universo. Creen que la Mujer Pensante creó el mundo tejiendo sus propios pensamientos.

7

ENFRENTAMIENTO DE TITANES

Gaia quería que los Titanes se vengaran de Urano y animó a Cronos
para liderar una rebelión. Derrotaron a Urano y Cronos se convirtió en rey.

Pero Cronos había sido advertido de que uno de sus hijos lo mataría.
Cuando su esposa, la reina Rea, tuvo hijos, Cronos se los tragó
para que no pudieran matarlo. Sin embargo, Rea engañó a su marido
y le dio una piedra envuelta en fajas, en lugar del bebé Zeus. Cronos
se tragó la piedra y Zeus fue enviado de contrabando a vivir a Creta.

Cronos era el más joven
de los 12 Titanes de Gaia y Urano.

LA VENGANZA DE ZEUS

Zeus averiguó lo que hizo su padre y quería vengarse. Regresó a Grecia y metió una droga mágica en la bebida de Cronos. Cronos vomitó los cinco niños que se había tragado: Poseidón, Hades, Hestia, Deméter y Hera.

Zeus luchó contra el rey Cronos y los otros Titanes. Liberó a los Cíclopes y, a cambio, le dieron poderosas armas-relámpago a Zeus, un imponente tridente a Poseidón y un casco de invisibilidad a Hades. Finalmente, los Titanes fueron derrotados y Zeus se convirtió en el rey de todos los dioses.

Zeus era visto como un dios todopoderoso que lanzaba rayos cuando estaba enojado.

9

La batalla final

Después de su victoria contra los Titanes, los tres hermanos
se relajaron al sol en la cima del monte Olimpo mientras
discutían sobre lo que iba a pasar con el universo.

—Vamos a echarlo a suertes —sugirió Poseidón.
Zeus recogió tres palos: uno que representara el cielo,
otro los océanos y otro el inframundo.

—Yo iré primero —dijo Zeus, mientras tomaba el palo
que representaba el cielo.

—Es tu turno —dijo, mientras se inclinaba hacia Poseidón.

—Ah, los océanos. Esto significa que el inframundo
es para ti, Hades —Hades asintió.

—El gran problema es qué hacer con los Titanes.
No queremos que vuelvan —dijo Zeus mientras comenzaba
a caminar.

—Me parece que la única respuesta es el Tártaro.
Los arrojaremos y pondremos gigantes para vigilar las puertas.
Nunca escaparán—. Hades asintió de nuevo.

Cuando Gaia, la madre de los Titanes se enteró,
¡se puso furiosa!

—¡Haré que los olímpicos paguen! —gritó.

—Le daré una batalla más.— Gaia se dirigió a ver
a su hijo menor, Tifón. Tifón era un monstruo con cien cabezas
de serpiente, y Gaia estaba convencida de que derrotaría
al poderoso Zeus.

Gaia observó cómo Zeus lanzaba un rayo tras otro
en las cabezas de Tifón. La batalla no iba bien. Tifón estaba
acorralado en la isla de Sicilia. Zeus recogió el volcán ardiente
Etna y se lo arrojó al monstruo. La batalla había terminado,
no había nada más que Gaia pudiera hacer. Zeus era ahora
el gobernante supremo del universo.

DIOSES Y DIOSAS

Los antiguos griegos creían en muchos dioses y diosas. Eran conocidos como olímpicos porque vivían en el monte Olimpo. Se creía que cada dios tenía poder sobre un área determinada del mundo o de la vida. Si los griegos necesitaban algo, se lo pedirían al dios correspondiente. Por ejemplo, si querían una buena cosecha, le pedirían ayuda a Deméter, diosa de la tierra, la agricultura y la cosecha.

Hera era la hija del rey Cronos y la reina Rea. Se convirtió en la reina de los dioses.

¿Sabías qué?

Los antiguos griegos creían que los dioses lucían como humanos, se casaban, tenían hijos y discutían. Pero, a diferencia de los humanos mortales, los dioses eran inmortales, lo que significa que vivían para siempre.

LOS PODEROSOS

Zeus era el líder de los olímpicos y el dios de los cielos. Hera era la reina de los dioses y gobernante de los matrimonios. Ella era la hermana y esposa de Zeus y sus celos ante el comportamiento de Zeus a menudo les causaban problemas. Poseidón, uno de los hermanos de Zeus, era el dios del mar. Poseidón era un dios importante para los marineros de la nación. Tenía un temperamento fuerte y podía provocar grandes tormentas con el tridente que le dieron los Cíclopes. Hades era el dios de los muertos y gobernaba el inframundo. Deméter y Hestia eran las otras hermanas de Zeus. Hestia era la diosa del hogar y gobernaba sobre la vida doméstica. Deméter era la diosa de la agricultura y la cosecha.

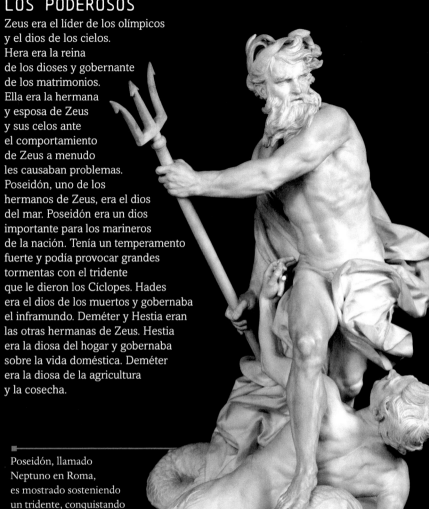

Poseidón, llamado Neptuno en Roma, es mostrado sosteniendo un tridente, conquistando las olas.

RELACIÓN CON OTROS MITOS

Los romanos tenían sus propios dioses, con sus propios nombres. Pero algunos de los nombres tienen raíces similares en el latín. Cuando los romanos entraron en contacto con los griegos, pensaron que los dioses griegos sonaban similares a los suyos. Decidieron que Zeus era el mismo dios que su Júpiter, Hera la misma que su diosa Juno, y así sucesivamente.

HIJOS DE LOS DIOSES OLÍMPICOS

Zeus y Hera eran los padres de Ares (dios de la guerra),
Hefesto (dios del fuego y los volcanes) y Hebe (diosa
de la juventud). Zeus también dio a luz a Atenea, quien
salió completamente desarrollada de la cabeza de su padre.
Atenea era la hija favorita de Zeus. Ella era la diosa
de la guerra, la sabiduría y las artes y artesanías.

A veces, los dioses y las diosas tenían hijos
con otras personas. Si el otro progenitor
era inmortal, como por ejemplo un Titán,
entonces la descendencia también sería
inmortal. Por ejemplo, Apolo y Artemisa
eran hijos de Zeus y de una Titán llamada
Leto. Apolo se convirtió en el dios
del sol y de las artes, y Artemisa
en la diosa de la caza y el parto.
Zeus tuvo un hijo con Maya,
hija del Titán Atlas. Su hijo
era Hermes (mensajero
de los dioses). Su papel
incluía llevar a los muertos
hacia Hades.

Si un dios tenía
un hijo con un mortal,
por ejemplo, un humano,
entonces el niño o la niña
tendría poderes especiales,
pero sería mortal,
lo que significa que moriría.
A menudo se les llamaba
héroes o semidioses.
Los héroes griegos
experimentaban asombrosas
aventuras y luchaban contra
aterradoras criaturas míticas
(ver páginas 22 y 23).

Esta es una estatua de Artemisa,
hija de Zeus y Leto.

QUIÉN ES QUIÉN:
LOS DIOSES Y DIOSAS GRIEGOS

NOMBRE GRIEGO	ÁREA DE PODER	NOMBRE ROMANO
Afrodita	el amor y la belleza	Venus
Apolo	el sol y las artes	Apolo
Ares	la guerra	Marte
Artemisa	la caza y el parto	Diana
Atenea	la guerra, la sabiduría y las artesanías	Minerva
Deméter	la agricultura y la cosecha	Ceres
Dionisio	el vino	Baco
Hades	los muertos y el inframundo	Plutón
Hefesto	el fuego y los volcanes	Vulcano
Hera	reina de los dioses y gobernante del matrimonio	Juno
Hermes	mensajero de los dioses	Mercurio
Hestia	el hogar y la vida doméstica	Vesta
Poseidón	el mar	Neptuno
Zeus	líder supremo y dios de los cielos	Júpiter

Esta es una ilustración de Hermes, mensajero de los dioses.

ADORAR A LOS DIOSES

Adorar a los dioses era un aspecto importante en la vida de la antigua Grecia. A menudo, las familias rezaban en el altar de sus casas. A lo largo del día, las personas rezaban oraciones a determinados dioses mientras realizaban sus actividades diarias.

TEMPLOS

Los antiguos griegos construyeron hermosos edificios llamados templos para que los dioses vivieran en ellos. Las personas llegaban a los templos para ofrecer sacrificios. En el templo de Poseidón, las personas hacían ofrendas y sacrificios para protegerse de las tormentas cuando iban de viaje por el mar.

COMUNICARSE CON LOS DIOSES

Los antiguos griegos creían que los dioses enviaban mensajes, llamados oráculos, a través de sacerdotes o sacerdotisas. El lugar donde el sacerdote o la sacerdotisa daba sus oráculos también se conoce como oráculo. En el templo de Apolo en Delfos se encontraba el oráculo más importante, conocido como el oráculo de Delfos. Una historia dice que Zeus liberó dos águilas de los dos costados que marcaban el fin del mundo, y en el lugar donde estas se encontraron se construyó un templo para Apolo.

Este es el Partenón de Atenas, el templo construido en honor a Atenea. Todavía podemos verlo hoy en día.

Los científicos descubrieron que gas etileno sale de las rocas de Delfos. Este gas podría haber hecho que las sacerdotisas alucinaran y creyeran que podían hablar con los dioses.

RELACIÓN CON OTROS MITOS

Los vikingos creían que las profetisas llamadas *völvas* se podían comunicar con los dioses. Otras culturas tenían diferentes maneras de comunicarse con los dioses. Por ejemplo, el chamán siberiano y el curandero nativo americano entraban en trance mientras tamborileaban, bailaban y cantaban para comunicarse con el mundo de los espíritus.

Esta antigua olla griega muestra
atletas en un evento de atletismo.

FESTIVALES Y JUEGOS

Los antiguos griegos celebraban festivales
para honrar a sus dioses. Los griegos
pensaban que estos eventos agradarían
a los dioses y los harían más propensos
a conceder sus deseos. Los festivales
incluían ofrendas y oraciones, pero también
juegos deportivos, música, recitales
de poesía u obras de teatro; todas estas
actividades eran consideradas regalos
para los dioses. Los Juegos Olímpicos fueron
los juegos más importantes y se celebraban
como parte del festival celebrado en honor
a Zeus, que se celebraba en un lugar llamado
Olimpia. Las obras de teatro presentadas
en estos festivales nos dicen mucho
sobre los mitos griegos.

¿Sabías qué?

Si un griego quería saber
lo que le deparaba el futuro,
consultaba a un adivino o pedía
que se leyeran los presagios.
Los presagios eran leídos
por los adivinos que predecían
el futuro al mirar la forma
en que un pájaro volaba,
¡a veces incluso examinaban
los órganos internos
de los animales sacrificados!

OFENDER A LOS DIOSES

Los antiguos griegos no querían ofender a los dioses. A cada dios le gustaba un sacrificio diferente, y estos variaban mucho; desde pasteles, hasta vino, aves o animales. Los sacrificios podían ser rechazados si no se seguían las reglas. ¡Ofender a los dioses podía tener graves consecuencias! Por ejemplo, Atenea (diosa de las confeccionistas y bordadoras) convirtió a una joven llamada Aracne en una araña por presumir sobre lo bien que tejía.

■ Es por el nombre Aracne que recibimos el nombre científico para las arañas.

Tántalo el tentador

Zeus estaba furioso: la última fiesta en el monte Olimpo no había salido bien. Un mortal, Tántalo, fue invitado, y no solo robó comida especial de los dioses para darla a los mortales, ¡sino que también trató de engañar a los dioses cocinando y ofreciéndoles a su propio hijo!

—Encuéntrenlo. ¡Debe ser castigado! —dijo Zeus, enfurecido—.¿Quién se cree que es? ¡Tratando de alimentarnos con carne humana! ¿Por qué clase de tonto me toma?

En su enojo, Zeus lanzó rayos mientras pensaba en cómo iba a castigar a Tántalo. Luego, sonrió astutamente. Había tenido una idea.

Tántalo pronto se encontró a sí mismo en las profundidades del Tártaro. Estaba rodeado de agua fría que le llegaba hasta el cuello. Colgando por encima de la piscina había varias frutas que parecían deliciosas. "Esto no parece tan malo", pensó. "Esperaba algo peor, mucho peor. Te estás volviendo flojo, Zeus".

Hacía un día caluroso y soleado; Tántalo agradecía estar a la sombra de un árbol, con agua y fruta para comer. Se estiró para alcanzar un pedazo de fruta, pero el viento hizo que la rama se moviera y la alejó de su alcance.

"No importa", pensó Tántalo, "beberé un poco de agua". Se inclinó hacia adelante para beber un poco del agua que lo rodeaba, pero mientras lo hacía el nivel del agua comenzó a bajar. No podía agacharse lo suficiente, el agua seguía moviéndose.

"Qué raro", pensó, "probaré con la fruta de nuevo. El viento parece estar tranquilo ahora". Sin embargo, una ráfaga de viento alejó la fruta de nuevo, entonces se dio cuenta de algo. Una gran roca estaba escondida entre las ramas del árbol. Estaba justo encima de él.

—¡Si esas ramas ceden, me aplastará! Ahora lo entiendo —lloró—. Voy a estar para siempre sediento, hambriento y con miedo a sufrir dolor.

Si alguna vez has sido "tentado", ¡sabrás lo que Tántalo sentía!

HÉROES Y BESTIAS

Los antiguos griegos creían
que en la Tierra vivían muchas criaturas
extrañas y peligrosas. Algunas bestias míticas
parecían animales ordinarios, pero tenían
poderes especiales. Por ejemplo, Pegaso
se veía como un caballo normal, pero tenía alas
y podía volar. Los monstruos eran a menudo
criaturas compuestas por más de un animal;
la quimera era mitad león, mitad cabra
y tenía la parte trasera de una serpiente. Estas
criaturas míticas daban la oportunidad perfecta
a los héroes para que pudieran mostrar
su fuerza y valentía.

Perseo fue cuidadoso
de nunca mirar
directamente
a Medusa,
para que no pudiera
convertirlo en piedra.

PERSEO Y MEDUSA

El legendario héroe griego Perseo era hijo de Zeus y la princesa Dánae. Perseo enfrentó un peligroso desafío con el fin de proteger a su madre. El rey Polidectes quería casarse con la princesa Dánae, pero ella no quería. Polidectes quería deshacerse de Perseo, así que lo retó a matar a Medusa la gorgona, un monstruo horrendo con serpientes por cabellos, capaz de convertir en piedra a cualquiera que la mirara.

Perseo fue ayudado en su expedición por la diosa Atenea, quien le dio un escudo reflectante para que nunca mirara directamente a Medusa. Perseo le cortó la cabeza a Medusa mientras dormía y se la llevó de vuelta en una bolsa. Rescató a su madre y convirtió a Polidectes en piedra con la cabeza de Medusa.

RELACIÓN CON OTROS MITOS

Es probable que los antiguos griegos contaran historias sobre monstruos para tratar de explicar los sucesos naturales. Por ejemplo, los griegos contaban historias del monstruo Tifón, quien había sido enterrado bajo el monte Etna. Este era un modo de explicar las llamas que salían de esa montaña.

¿Sabías qué?

Se dice que Perseo volvió a casa cabalgando a lomos de Pegaso, el caballo alado que surgió de la sangre de Medusa. *

Después de matar a la quimera, Belerofón y Pegaso tuvieron muchas otras aventuras juntos.

BELEROFÓN Y LA QUIMERA

Pegaso, el caballo alado, también aparece en otros mitos griegos. En la historia de Belerofón y la quimera, Pegaso ayuda al héroe a derrotar a un terrorífico monstruo. Belerofón fue enviado a matar a la quimera por el rey Licia. Atenea lo ayudó dejándole a Pegaso. Nadie podía acercarse a la bestia que respiraba fuego, pero Belerofón, a lomos de Pegaso, fue capaz de dispararle flechas desde arriba.

UN FINAL TRISTE

Los antiguos mitos griegos a menudo mostraban a las personas cómo debían comportarse, y esta historia no tuvo un final feliz para el héroe Belerofón. Se volvió demasiado orgulloso de sus logros y trató de volar al hogar de los dioses, el Olimpo. Zeus estaba indignado, pues había ido sin ser invitado, así que decidió que Belerofón debía ser castigado. Zeus hizo que Pegaso despistara a su jinete; Belerofón cayó y murió.

RELACIÓN CON OTROS MITOS

Criaturas que respiran fuego, especialmente dragones, son comunes en muchos mitos europeos. Por lo general, los dragones europeos son temibles, pero los dragones chinos son amables y sabios.

EL MINOTAURO

Uno de los monstruos más famosos de la mitología griega es el Minotauro. Era mitad hombre y mitad toro, y permanecía en un laberinto especialmente diseñado por el rey Minos de Creta, cerca de su palacio en Cnosos. Minos exigía que cada 9 años, el pueblo de Atenas enviara a 14 mujeres y hombres jóvenes para que el Minotauro comiera.

RELACIÓN CON OTROS MITOS

En el 1900, el arqueólogo Arthur Evans descubrió las ruinas del lujoso palacio de Cnosos, que él mismo nombró el palacio de Minos. El palacio debía tener muchas habitaciones, tal vez inspirando la idea del laberinto.

Teseo y el Minotauro

Egeo, rey de Atenas, estaba preocupado.

—¡No te vayas, hijo! —suplicó—. Nunca serás capaz de matar al Minotauro.

Pero Teseo estaba decidido cuando se subió al barco con los otros jóvenes, enviados a Creta. La vela negra que llevaba su barco era símbolo de luto por los sacrificios humanos. El padre de Teseo lo abrazó.

—Cuando el barco regrese, debes izar las velas blancas para que pueda saber que estás vivo —dijo Egeo.

Ariadna, la hija del rey Minos, observaba el barco mientras se acercaba. Vio a Teseo e inmediatamente se enamoró de él. Le prometió que lo ayudaría si se casaba con ella, él accedió.

Esa noche se escabulló entre los guardias y le dio a Teseo una espada y una bola de cordel mágica.

—Ata un extremo a la entrada y deja que se desenrolle mientras caminas a través del laberinto —susurró—. Puedes seguirlo para encontrar el camino de vuelta después de matar al Minotauro.

A la mañana siguiente, Teseo ató el cordel mágico a la entrada y valientemente se abrió camino en el laberinto, desenrollando el hilo mientras avanzaba. A medida que se acercaba al centro, podía oír los resoplidos y los pasos del Minotauro. Sacó su espada para prepararse.

Después de una gran lucha, el Minotauro fue asesinado. Teseo, exhausto, siguió el cordel hasta la entrada. Ariadna abrió las puertas y salieron corriendo para escapar en el barco que los estaba esperando.

Pero Teseo no cumplió la promesa, se marchó sin ella. Furiosa, Ariadna llamó a los dioses para vengarse. Dionisio le concedió el deseo. Hizo que Teseo olvidara izar la vela blanca.

Egeo estaba observando el mar, a la espera del regreso de Teseo. ¡Por fin vio un barco! Pero espera… ¿es eso una vela negra? —Mi hijo está muerto —gimió Egeo. Incapaz de soportar el dolor, saltó al mar y se ahogó.

EXPEDICIONES Y AVENTURAS

Gran parte de lo que sabemos sobre la mitología griega es gracias al famoso poeta Homero. Escribió dos epopeyas llamadas la Ilíada y la Odisea. Los antiguos griegos valoraban mucho sus obras y algunos incluso podían recitarlas de memoria. Ambas fueron consideradas importantes obras de literatura y también sirvieron como guías sobre cómo vivir una vida ética.

LA ILÍADA

Las expediciones y aventuras de Héctor y Aquiles se cuentan en la Ilíada, que tiene lugar durante la guerra de Troya. Esta fue una guerra entre los griegos y un lugar llamado Troya. La guerra continuó durante 10 años y los dioses tomaron partido.

Aquiles era el hijo del mortal Peleo y la ninfa del mar Tetis. Aquiles era un valiente guerrero del ejército de los griegos. En el otro bando estaba Héctor, hijo del rey troyano Príamo. Él era el guerrero líder del ejército troyano.

Aquiles discutió con otro guerrero, Agamenón, y se retiró de la lucha. Héctor se aprovechó de la situación y obligó a los griegos a volver a sus barcos. El mejor amigo de Aquiles, Patroclo, intentó ayudar a los griegos, pero fue asesinado por Héctor. Aquiles regresó a vengar la muerte de su amigo y mató a Héctor.

Aquiles no mostró piedad alguna y mató a Héctor.

¿QUIÉN ES QUIÉN?

No sabemos mucho acerca de Homero. Se cree que vivió durante el siglo VIII a.C., mientras los griegos se establecían en las actuales costas de Turquía. Los antiguos griegos pensaban en Homero como un pobre y ciego juglar.

¿Sabías qué?

¿Has oído hablar del "talón de Aquiles"? Una historia dice que Tetis sumergió a Aquiles en las aguas del río Estigia para hacerlo inmortal. Sin embargo, lo sostenía por la parte del talón que ahora conocemos como el talón de Aquiles, así que esa parte del cuerpo no entró en el agua. Ese era el único lugar donde Aquiles era vulnerable.

Odiseo usó su astucia para escapar de la cueva de Polifemo.

LA ODISEA

La Odisea es más corta que la Ilíada y describe el regreso de Odiseo desde Troya. El viaje de regreso a casa de Odiseo es toda una aventura: se encuentra con el gigante de un solo ojo Polifemo, a quien deja ciego, y con los gigantes caníbales que destruyen todos sus barcos, menos uno. En Trinacia, Odiseo y su tripulación fueron advertidos de que no mataran el ganado del dios del sol Helios. Pero lo hicieron y, como castigo, Zeus destruyó su barco y su tripulación con un rayo. Odiseo fue arrastrado hasta la isla de Ogigia. Ahí conoció a la diosa Calipso, quien quería casarse con él. Él se negó porque ya tenía esposa, pero ella lo mantuvo allí durante siete años. Finalmente, Zeus ordenó que fuera liberado.

¿QUIÉN ES QUIÉN?

Apolonio de Rodas (siglo III a.C.) escribió el poema épico Argonáuticas. El poema tenía un estilo similar a los poemas épicos de Homero y contaba la historia de Jasón y los argonautas.

OTRAS EXPEDICIONES GRIEGAS

Otros dos grandes héroes griegos, Jasón y Heracles, fueron famosos por sus expediciones. Jasón comenzó una expedición para conseguir el vellocino de oro, lo cual era considerado una tarea imposible. Su tripulación, formada por 50 héroes, viajó en un barco llamado Argo, así que eran conocidos como los argonautas.

Uno de los argonautas era Heracles. Famoso por su gran fuerza y valentía, Heracles fue conocido por tener que completar 12 labores, a modo de castigo. Estas labores incluían matar a un león con sus propias manos, matar a un dragón de nueve cabezas y capturar caballos carnívoros.

¿QUIÉN ES QUIÉN?

Quirón era un sabio centauro (mitad hombre, mitad caballo) que dio consejos a muchos héroes griegos, así como a algunos dioses menores. Fue asesinado accidentalmente por Heracles con una flecha envenenada.

La vuelta a casa de Odiseo

En el fondo del inframundo, Odiseo se inclinó para acercarse al viejo adivino Tiresias, mientras este predecía su futuro.

—Volverás solo a tu casa en Ítaca —jadeó el anciano—. Encontrarás a personas peleando por tus pertenencias.

—¿Qué hay de mi esposa? ¿Sigue viva? —Odiseo le suplicó a Tiresias que le diera más detalles, pero el viejo adivino se marchó.

—Debo volver a casa —rezó Odiseo a los dioses—. Atenea, ¿sigues dispuesta a ayudarme?

La voz de Atenea le llegó. —Debes irte a casa, pero disfrazado —dijo ella—. Muchos desafíos están por llegar, pero yo te ayudaré.

Tomó mucho tiempo, pero finalmente Odiseo vislumbró su casa.

Disfrazado como un anciano mendigo, se acercó a la casa y fue recibido por su viejo porquero, Eumeo, quien fue amable con él, pero no lo reconoció.

Más tarde, cuando entró en su casa, Odiseo se sorprendió al ver a su esposa, Penélope, rodeada de pretendientes. Estaba ocupada tejiendo, mientras los pretendientes discutían entre ellos.

La escuchó decir: —Señores, si no me dejan terminar este tejido, nunca decidiré con cuál de ustedes me voy a casar—. Odiseo ocultó su tristeza, dándose cuenta de que Penélope creía que estaba muerto.

Cuando los pretendientes se fueron, Penélope se volvió para charlar con él mientras deshacía el tejido del día. Ella sintió lástima por él y lo invitó a cenar.

Mientras Penélope preparaba la cena, Odiseo se sorprendió al ver que los pretendientes regresaban. Durante la cena, Penélope les dijo que se casaría con el hombre que pudiera encordelar el arco de su marido. A la mañana siguiente, los pretendientes trataron de hacerlo, pero fracasaron.

—Déjame intentarlo —dijo el mendigo.

—¿Tú? ¡No me hagas reír! —dijo uno de los pretendientes. Pero para su asombro, Odiseo encordó con facilidad el pesado arco. Con un alegre llanto, Penélope reconoció a su marido, al fin en casa.

LA MUERTE Y EL MÁS ALLÁ

Los antiguos griegos creían en la vida después de la muerte. Creían que sus almas iban al inframundo, un reino subterráneo gobernado por Hades. A veces, a este mundo también se le llamaba Hades.

¿QUIÉN ES QUIÉN?

Caronte era la persona que se llevaba las almas a través del río Estigia hasta el inframundo. Por ello, cobraba de una a dos monedas de cobre, que los familiares ponían en la boca de la persona muerta. Si el alma no tenía dinero para pagar, entonces se quedaría deambulando por la orilla.

LA RUTA AL INFRAMUNDO

Los griegos creían que sus almas serían guiadas por el dios Hermes hasta el río Estigia. Después, el alma era llevada al otro lado del río por Caronte, el barquero. La entrada al inframundo era custodiada por Cerbero, un feroz perro de tres cabezas. Dejaba entrar solo a los muertos y se aseguraba de que nadie se marchara. Unas pocas personas, como Odiseo, consiguieron engañarlo.

JUZGAR

Cuando un alma llegaba por primera vez al inframundo, debía presentarse ante un panel de jueces: Minos, Radamantis y Éaco. Estos jueces debían aprobar la sentencia. Dependiendo de cómo la persona se hubiera comportado en vida, sería enviado a uno de los tres lugares. La gente corriente iba a los Campos de Asfódelos. Este era un lugar aburrido donde no sucedía gran cosa. Los Campos Elíseos eran para la gente muy buena. Y el Tártaro era un lugar de castigo para la gente malvada.

RELACIÓN CON OTROS MITOS

Los antiguos egipcios también creían que las personas eran juzgadas en el más allá. Creían que el alma de las personas era pesada contra "la pluma de la verdad", y luego la persona debía enfrentarse al señor de los muertos, Osiris. Las personas esperaban vivir su próxima vida en el Campo de Cañas, que era una versión ideal del verdadero Egipto.

VIAJE AL INFRAMUNDO

Unos pocos héroes hicieron el viaje al inframundo con vida
y regresaron para contarlo. En la Odisea de Homero
(ver páginas 30–33), el héroe Odiseo visita el inframundo
para conocer su destino por Tiresias, el adivino.

EL VIAJE DE ODISEO

A Odiseo se le había dicho que los vientos guiarían a su barco
al inframundo. Hizo ofrendas de leche, miel, vino y agua antes
de entrar. Mientras esperaba para hablar con Tiresias,
se reunió con uno de sus antiguos compañeros, Elpénor.
Odiseo prometió que le daría un entierro apropiado
para que su espíritu pudiera descansar.

Tiresias se muestra
sentado, sosteniendo
un chuchillo,
con Odiseo parado
a su lado.

Después de que Tiresias
le aconsejara sobre
cómo volver a casa
a salvo, Odiseo
se encontró con varios
espíritus. Habló con
su madre, Anticlea,
y con Agamenón,
Aquiles y otros
héroes. También vio
a varias personas,
como Tántalo, siendo
castigadas por
las cosas que habían
hecho mientras vivían.

ORFEO Y EURÍDICE

Orfeo era el hijo de Apolo y estaba casado con Eurídice. Estaba devastado cuando Eurídice murió por la mordedura de una serpiente. Hizo el peligroso viaje al inframundo para persuadir a Hades de que lo dejara traer a su esposa de vuelta. Hades tenía una única condición: Orfeo no debía mirarla a ella hasta que volvieran a estar en el mundo de los vivos. Sin embargo, Orfeo no pudo resistirse y le echó un vistazo. Cuando lo hizo, Hades trajo a Eurídice de vuelta al inframundo.

RELACIÓN CON OTROS MITOS

En Japón existe el mito sobre el dios Izanagi, quien viaja hasta la tierra de los muertos para encontrar a su esposa. Pero, como Perséfone (ver páginas 38 y 39), ella ya había comido el fruto de la muerte y no pudo regresar.

¿Sabías qué?

Los antiguos griegos pensaban que muchas cuevas eran entradas al inframundo.

Perséfone,
reina del inframundo

Mientras Perséfone se inclinaba para recoger las flores de primavera, oyó un ruido ensordecedor. Miró alarmada y vio la carroza dorada de Hades apareciendo desde debajo de la tierra.

—¡Padre! ¡Ayúdame! —gritó Perséfone a Zeus mientras Hades la arrastraba hacia su carroza. Era inútil, Zeus había permitido que esto pasara. Le había prometido a Hades que le entregaría a su hija. Perséfone iba de camino al inframundo para convertirse en reina.

La madre de Perséfone, la diosa Deméter, no sabía nada sobre el acuerdo.

—¡Oh, mi dulce niña! ¿Cómo pudieron hacerte esto? —sollozaba Deméter. En su desesperación, descuidó su papel como diosa de las plantas y las cosechas para buscar a su hija. Sin su ayuda, la tierra se volvió estéril, todo murió y las cosechas fracasaron.

Las personas morían, así que los dioses finalmente acordaron que debían hacer algo. Zeus envió a Hermes a buscar a Perséfone. Pero Hades había obligado a Perséfone a comerse una granada, alimento del inframundo.

—No puedes volver —dijo Zeus, tristemente—. Has comido un alimento de los muertos. No está permitido.

—Por favor, padre —suplicó—. ¿No puedes hacer nada para ayudarme?

Deméter hizo sus propias súplicas: —Zeus, debes dejar que vuelva. La necesito. Por favor, hazlo por mí.

Zeus pensó. Estaba creando un plan. —No puedo dejar que vuelvas para siempre. Te comiste esa granada, así que debes pasar parte de tu vida con Hades. Pero el resto del año, puedes estar con tu madre.

Así que, durante cuatro meses del año, Perséfone regresaba junto a su marido. Deméter está triste, el invierno llega y nada crece. Pero cuando es el momento de que Perséfone regrese a la Tierra, las plantas comienzan a crecer y a florecer bajo el sol primaveral.

MITOLOGÍA A NUESTRO ALREDEDOR

Mientras que la mayoría de nosotros probablemente no podamos recitar los poemas de Homero, los mitos de la antigua Grecia siguen siendo una gran influencia en nuestra cultura. Los antiguos poetas griegos, tales como Homero y Hesíodo, han influenciado incluso a grandes escritores como Shakespeare.

■ Algunas obras de teatro de Shakespeare, como Troilo y Crésida, están basadas en mitos griegos.

¿QUIÉN ES QUIÉN?

El filósofo griego Platón (siglos V y IV a.C.) fue crítico con los elementos ficticios (inventados) de los mitos, pero muchos antiguos griegos creían que las historias eran verdaderas.

¿Qué opinas de las historias de la antigua Grecia convertidas en cómic?

INSPIRAR A LAS PERSONAS

Los personajes de la mitología griega han inspirado a muchos artistas y autores. Si estás familiarizado con los libros y las películas de Percy Jackson, conocerás al personaje de Percy, mitad niño y mitad dios, y todo un héroe. Incluso puede que reconozcas los nombres de los personajes, tales como Poseidón, Ares y Zeus. La empresa Marvel ha adaptado la Ilíada de Homero en un cómic y la Odisea en una novela gráfica.

Los creadores de juegos han adaptado el estilo griego y otras mitologías de la historia antigua para crear videojuegos. Hay juegos como *Kid Icarus: Of Myths and Monsters, Age of Empires: Mythologies* y una gran variedad de juegos basados en las aventuras de héroes como Heracles (o Hércules). ¡Incluso Bob Esponja tiene un videojuego llamado *Bob Esponja y el choque de Tritón!*

RELACIÓN CON OTROS MITOS

Hoy en día, los nombres de los mitos griegos se usan para productos y negocios. Fíjate en las agencias de viaje llamadas "Atlas" u "Odisea", servicios de mensajería llamados "Pegaso", ¡e incluso empresas de cemento llamadas "Medusa"!

Y por supuesto, ¿quién podría olvidar los Juegos Olímpicos? Estos son una versión moderna de los juegos que originalmente se celebraban para honrar al líder supremo, Zeus.

PERSONAJES, CRIATURAS Y LUGARES

PERSONAJES

Afrodita diosa del amor y la belleza

Apolo dios del sol y de las artes; hermano de Artemisa e hijo de Zeus y Leto

Apolonio de Rodas autor de Argonáuticas, la epopeya sobre Jasón y los argonautas

Aquiles héroe de la Ilíada; hijo del mortal Peleo y Tetis, la ninfa del mar

Ares dios de la guerra

Ariadna hija del rey Minos, que se enamoró de Teseo

Artemisa diosa de la caza y de la luz; hermana de Apolo e hija de Zeus y Leto

Atenea diosa de la guerra, la sabiduría y las artes y las artesanías; hija de Zeus

Atlas uno de los Titanes; fue castigado sosteniendo el cielo sobre sus hombros, por luchar contra Zeus

Belerofón héroe que mató a la quimera

Caronte el barquero que lleva las almas muertas a través del río Estigia hasta el inframundo

Cronos rey de los Titanes; hijo de Gaia y Urano. Estaba casado con Rea y fue padre de Zeus.

Deméter diosa de la tierra, de la agricultura y de la cosecha; hermana de Zeus; madre de Perséfone

Dionisio dios del vino. Era el hijo de Zeus y un mortal llamado Sémele.

Gaia una fuerza creadora que salió de la nada para crear el mundo; también llamada Madre Tierra

Hades dios del inframundo; hermano de Zeus e hijo de Cronos y Rea; también llamado Plutón. Era el marido de Perséfone. El inframundo es a veces llamado Hades.

Hebe diosa de la juventud

Héctor héroe de la Ilíada, hijo del rey troyano Príamo. Era el guerrero líder del ejército troyano.

Hefesto dios del fuego y los volcanes

Hera diosa del matrimonio y esposa de Zeus; hija de Cronos y Rea

Heracles héroe; hijo de Zeus y la mortal Alcmena; famoso por sus 12 labores

Hermes mensajero de los dioses; hijo de Zeus y Maya. Llevaba a los muertos hasta el inframundo.

Hestia diosa del hogar; hija de Cronos y Rea; hermana de Zeus

Homero antiguo poeta griego que vivió en torno al siglo VIII a.C., se cree que es el autor de la Ilíada y la Odisea

Jasón héroe en una expedición para obtener el vellocino de oro con su tripulación de héroes en el barco Argo

Leto Titán femenina

Maya un Titán; hija de Atlas y madre de Hermes

Odiseo héroe de la Odisea

Orfeo hijo de Apolo que viaja al inframundo para recuperar a su esposa, Eurídice

Perseo hijo de Zeus y Dánae; mató a Medusa la gorgona

Platón antiguo filósofo griego

Poseidón dios del mar, del agua, de los terremotos y de los caballos; hermano de Zeus e hijo de Cronos y Rea. A menudo se le muestra sosteniendo un tridente.

Rea una de los Titanes, casada con Cronos. Ella envió a su sexto hijo, Zeus, a Creta para evitar que Cronos se lo tragara.

Teseo héroe que mató al Minotauro

Titanes hijos de Gaia y Urano, eran fuertes gigantes que gobernaban la Tierra antes de que los dioses y diosas olímpicos tomaran el control

Zeus líder supremo de los dioses y diosas olímpicos. Hijo de Cronos y Rea. Dios del cielo, el viento, las nubes, la lluvia y los truenos. A menudo es representado sosteniendo rayos.

CRIATURAS

Cerbero feroz perro de tres cabezas que vigila el inframundo

Cíclopes los primeros hijos de Gaia y Urano, eran gigantes y tenían un solo ojo

Medusa monstruo con cabello de serpientes que convertía a cualquiera que la mirara en piedra

Minotauro criatura mitad toro, mitad hombre

Pegaso caballo alado, propiedad de Atenea que nació de la sangre de Medusa la gorgona

Polifemo cíclope de un solo ojo que atrapó a Odiseo en una cueva

Quimera monstruo con cabeza de león, cuerpo de cabra y parte posterior de una serpiente

Quirón sabio centauro, asesinado accidentalmente por Heracles

Tifón monstruo con 100 cabezas de serpiente. Hijo de Gaia.

LUGARES

Cnosos lugar en Creta, donde se cree que el rey Minos tenía su palacio y donde pudo haber vivido el Minotauro

Delfos lugar donde se construyó el Templo de Apolo

monte Olimpo montaña en Grecia, donde se creía que vivían los dioses y las diosas

Partenón templo en Atenas construido para honrar a Atenea

Río Estigia río que debe ser cruzado para llegar al inframundo

Sunio lugar donde se construyó el templo de Poseidón

Troya ciudad antigua en lo que ahora es Turquía

GLOSARIO

adivino/a persona que se cree que es capaz de predecir el futuro

altar mesa o bloque plano usado para hacer ofrendas o sacrificios a los dioses

arqueólogo/a persona que estudia el pasado observando los objetos hechos por los humanos y restos

caníbal persona que come a otros seres humanos

carroza vehículo de dos ruedas tirado por caballos

ciudad-estado gran comunidad con un gobierno independiente

civilización la sociedad y la cultura de un área en particular

curandero/a persona que se creía que tenía poderes curativos mágicos, como un chamán

chamán/chamana persona que se cree que tiene contacto con el mundo del bien o con los espíritus malignos

desterrar enviar lejos de un lugar como castigo

epopeya poema largo

faja tela para envolver a un bebé recién nacido

gas etileno gas que se encuentra en el gas natural, el gas de hulla y el petróleo crudo, y también se genera por la maduración de los frutos

guerra de Troya guerra entre los griegos y los troyanos, que duró 10 años, está escrita en La Ilíada de Homero

inframundo lugar bajo la tierra a donde iban los muertos

inmortal que vive para siempre; describe a un ser que no puede ser asesinado

juglar/a músico/a que cantaba o recitaba poesía heroica con música

mortal ser humano que no vivirá para siempre

ninfa marina hermosa semidiosa (un rango inferior de diosa)

oráculo mensaje de los dioses y distribuidor de ese mensaje

presagio evento que podría ser una buena o una mala señal

rebelión lucha contra el actual gobernante para tratar de tomar el mando
como líder

sacrificio acto de matar a un animal o a una persona como ofrenda
a un dios o diosa

Tártaro es la parte del inframundo donde la gente malvada va
a modo de castigo

templo lugar de adoración u hogar para un dios o una diosa

trance cambio en el estado de la conciencia del entorno de una persona

MÁS INFORMACIÓN

SITIOS WEB

www.ancientgreece.co.uk
El sitio web del Museo Británico tiene mucha información
sobre la antigua Grecia, incluyendo retos y juegos.

www.bbc.co.uk/history/ancient/greeks
Descubre más sobre los antiguos griegos en el sitio web de la BBC
Primary History.

www.pantheon.org
La *Encyclopedia Mythica* es una enciclopedia en línea sobre mitología,
folclor y religión.

LUGARES PARA VISITAR

Usa Internet para encontrar lugares que visitar donde puedas aprender
más sobre los mitos y la vida griega.

The Metropolitan Museum of Art
New York, New York
www.metmuseum.org
Este museo tiene una galería dedicada al arte romano y griego.

Ashmolean Museum
Oxford, England
www.ashmolean.org
Este museo tiene una de las más antiguas y grandes colecciones de
escultura romana y griega.

The British Museum
London, England
www.britishmuseum.org
Este museo tiene una galería dedicada a la vida griega y romana.

National Archaeological Museum of Athens
Athens, Greece
www.namuseum.gr/wellcome-en.html
Este museo está enteramente dedicado al arte griego.

MÁS INVESTIGACIÓN

¿Tal vez te interesa saber más sobre cómo los mitos griegos
se extendieron a otras culturas? Por ejemplo, los antiguos romanos
estuvieron particularmente influenciados por la mitología griega.
¿O tal vez quieras saber más sobre cómo vivían los antiguos
griegos o la historia de los Juegos Olímpicos? Puedes usar
tu biblioteca local o Internet para obtener más información.

ÍNDICE